Frank Michael Wiedner's

Kurzgeschichten

Bibliografische Information Der Deutschen Bibliothek: Die Deutsche Bibliothek verzeichnet diese Publikation in der Deutschen Nationalbibliografie; detaillierte bibliografische Daten sind im Internet über < http://dnb.ddb.de > abrufbar

<u>Hinweise des Autors</u> :

Rechtschreibfehler gehören zur persönlichen Note
des Schriftstellers und falls sie in diesem Roman
welche finden sollten. Sind sie voll beabsichtigt und
aus gutem Grund in diesem Roman.

Wenn Ihnen die Kurzgeschichten gefallen haben,
empfehlen wir Ihnen gerne weiteren
spannenden Lesestoff-
Schauen sie einfach auf unsere Webseite:
www.JohnCray.de

Originalausgabe Juni 2008
Copyright © 2008 by Frank Michael Wiedner
Alle Rechte vorbehalten.
Das Werk darf – auch teilweise- nur mit
Genehmigung des Autors wiedergegeben werden.

Herstellung und Verlag :
Books on Demand GmbH,
Norderstedt

ISBN-13: 9783837055948

Frank Michael Wiedner's
Kurzgeschichten

Inhaltsverzeichnis

8

Heimat

Ja, das Wort ist für einen Jugendlichen nur mit Grauen verbunden. Meine Eltern nervten mich ständig, daß sie in den Ferien in ihren Heimatort fahren wollen, um meine Großeltern zu besuchen. Der ganze Urlaub wird nun mit Museen, Landschaften, und irgendwelchem anderen Kulturmist vollgepackt sein. Nicht, daß ich das jetzt böse meine, aber „hallo“, ich bin sechzehn, und möchte eigentlich nicht den ganzen Tag auf einem Bauernhof rumsitzen. Denn das einzige, was da abends los ist, ist den Hühnern beim Schlafen zuzusehen.
Doch man hat ja nicht viel Mitspracherecht, das einzige, was ich immer zu hören bekomme, ist: „Junger Mann, solange du deine Füße unter meinen Tisch streckst …“
O.k. ich hab's kapiert.
Auch der Spruch: „Ja, das tun wir alles nur für dich, damit du mal etwas anderes siehst!“ ist echt klasse.
Wer sagt denn, daß ich das will? Hat mich eigentlich schon mal einer danach gefragt?

11

Nö, ist ja klar, wieso denn auch. Jetzt verbringe ich den ganzen Freitag Nachmittag mit packen, auch hierfür hätte ich eine bessere Idee. Ab und zu werfe ich einen Blick aus dem Fenster, und sehe meine Kumpels Fußball spielen. Ach wie gerne würde ich in den Sommerferien hierbleiben, und nichts tun, außer kicken, Party machen, und schlafen. In diesem Moment von Glücklichkeit, kam auch schon meine Mam ins Zimmer, und riß mich aus meinen Gedanken.

„Hier hast du noch zwei Koffer!" und drückte sie mir in die Hand. Ich nickte nur, aber am liebsten hätte ich sie ihr hinterher geworfen.

Na ja, so vertrödelte ich nun den lieben langen Tag, bis ich wieder die liebe, sanfte Stimme meiner Mam hörte: „Essen ist fertig!"

Ich rannte also aus meinem Zimmer, die Treppen hinunter, in die Küche, wo schon meine Eltern auf mich warteten. Während wir speisten, erzählten sie mir, was mich in der Heimat alles erwartet. Ich mußte echt versuchen, meine Begeisterung zu unterdrücken. Nachdem ich endlich fertig war, stand ich auf, und wollte gerade nach draußen gehen.

Da sagte mein Vater: „Nix da, Junge, du mußt jetzt ins Bett, damit du morgen früh fit bist."
Mein Blick traf die Uhr an der Wand, 19.30, ne oder. Ich verdrehte die Augen, und ging, ohne ein Wort, nach oben. Klasse der Urlaub hat noch nicht mal angefangen, und es ist schon die Hölle. Dann ließ ich mich rücklings aufs Bett fallen, und nahm noch einen Schluck Cola. Nachdem ich eine Zeitlang Löcher in die Luft gestarrt hatte, schlief ich ein.
Samstagmorgen, 5.30 Uhr. Ein „Ringen" war nun in meinem kleinen Zimmer zu hören. Erst leise, dann wurde es immer lauter. Jetzt schlagartig ein Schrei: „Mensch Jonny, mach das Ding aus, und beeil dich!" Oh Kacke, das geht ja gut los, waren meine ersten Gedanken, bevor ich die Augen öffnete. Ich drosch nun auf das Ding ein, doch die ersten Hiebe gingen ins Leere. Ich rutschte etwas näher heran „Dong", der Schlag hatte gesessen. Aber nicht der Wecker flog in hohem Bogen, nein, die Nachttischlampe sauste herunter. Mit ihrem Kabel nahm sie den Wecker, mein Glas Cola, das noch halbvoll war, und ein paar Kleinigkeiten mit. Der Wecker war nun aus, das Glas zerbrochen, und die Sauerei auf

13

dem Boden. Ich rollte mich auf den Rücken, streckte beide Arme aus, und starrte an die Decke. Jetzt konnte ich meine Mutter wieder brüllen hören, doch ich war so damit beschäftigt, keinen Bock zu haben, daß ich kein Wort verstand. Ich rappelte mich nun auf, warf die Decke bei Seite, stützte mich auf, und schwang meinen ersten Fuß auf dem Bett. Augenblicklich folgte der zweite. Als ich so vor meinem total verknuddelten Bett stand, machte sich ein starker Schmerz breit. Es war die rechte Fußsohle, die anfing zu stechen. Ich sah nach unten, jetzt merkte ich erst, daß ich in das zerbrochene Colaglas getreten war. Toll, aber klar, warum auch nicht. Gerade versuchte ich meinen Fuß hochzuheben, um mir die Wunde anzusehen. Einfach war das aber nicht, da mein Fuß in der verschütteten Cola stand, die langsam antrocknete. Tja, in so einem Moment wäre ein Teppich wohl angebrachter, als der Parkett. Doch ich glaube, jetzt ist nicht der richtige Augenblick, sich darüber Gedanken zu machen. Endlich hatte ich mein Bein vom Boden bekommen. Jetzt humpelte ich ins Bad, nahm eine Pinzette, und versuchte die Splitter aus meiner Fußsohle zu pulen. Als ich so längere Zeit rumdokterte, gelang es

14

mir, trotz dem vielen Blut, alle Splitter zu
entfernen.
Ich wusch mich noch rasch, als mein Dad
schon brüllte: „Junger Mann, noch fünfzehn
Minuten, dann fahren wir, also beweg
deinen Arsch!" Er sagte das mit so viel
Liebe, daß ich mich, nun noch mehr, auf die
gemeinsamen Wochen freute. Klasse, ich
packte meine Hose, und während ich sie
anzog, versuchte ich gleichzeitig, mich in
ein T-Shirt zu zwängen. Etwas kompliziert,
aber es klappte doch. Schnell noch ein
Baseballcap aufgesetzt, Sneakers an, und los
geht's. Mit zwei Koffern in der Hand,
humpelte ich nun die Treppen hinunter.
Unten angekommen, stand schon mein
Vater, und schüttelte den Kopf: „So nicht,
zieh dir was Gescheites an!"
He, stopp mal, so sehen Sechzehnjährige
aus: Eine hellblauen Baggi, wo man die
Boxershorts sehen kann, T-Shirt in
weiß/rosa, das zu kein ist, und Schuhe, zwei
Nummern zu groß. Das alles gekrönt von
einem rosa Baseballcap. Apropos, was
wollte der Kerl eigentlich von mir? Er, der
immer mit Mantel, Cowboyhut und -stiefeln
rumläuft, erzählt mir was von Mode, ich
glaub ich dreh ab. Aber ich wußte auch,
wenn ich jetzt etwas sage, bin ich geliefert.

15

Ich stellte meine Koffer ab, und ging zurück in mein Zimmer. Dort schlüpfte in eine normalo Jeans, und schmiß mir ein schwarzes Hemd über. Auch meine Haare hatten unter einer Menge Gel zu leiden. So jetzt sehe ich aus, wie jemand, der bei uns dafür Prügel bekommt, wenn er so rumläuft. Also Versuch Nummer zwei, ich ging wieder hinunter, da sah ich meinen Dad schon strahlen: „Also geht doch!"
Ohne einen Ton über die Lippen zu bringen, setzte ich mich ins Auto. Auf geht's in die Heimat, so was kenn ich nur aus Schwarzweißfilmen. Mensch, freu ich mich jetzt schon auf die Lüneburger Heide. Juhu, ich könnte kotzen vor Begeisterung, wenn meine Eltern immer erzählen, wie schön es dort ist, die Natur und die vielen Bauernhöfe. Meine Alten waren endlich auch eingestiegen, und ab ging's. Es war ja erst kurz nach 9 Uhr, andere schlafen da noch, und wir, wir fahren in die Natur. Ich wußte nicht, was sie von mir erwarten, aber ihr Gesichtsausdruck gefiel mir gar nicht, wenn sie mich anschauten. Ich nahm nun meinen MP3-Player, und versuchte, auf andere Gedanken zu kommen. Erste Station war eine große Shell-Tankstelle, auf der Autobahn. Sofort schoß mir durch den Kopf,

16

ob mich hier jemand per Anhalter, wieder zurückbringen würde? Mein Fluchtplan wurde aber durch ein: „Ihr bleibt sitzen, ich hol nur schnell eine Landkarte!" vereitelt. Äh, wie Landkarte? Heutzutage? In der modernen Welt gibt es ein Navi. Huhu, das nennt man Fortschritt. Aber den Abschuß lieferte mein Vater, als er wiederkam, und uns allen was zum Lesen mitbrachte. Meine Mutter bekam die aktuelle Woman, und ich, dafür bring ich ihn um, eine neue Ausgabe der Micky Maus. Ich sehe schon die Schlagzeilen *Mr. Black in der Heimat erhängt*. Das zauberte mir ein Lächeln ins Gesicht, ich glaube, das erste, seit zwei Tagen. Als wir so fuhren, es müssen Stunden gewesen sein, so kam es mir wenigstens vor, sah ich ein „großes Grün", an meinem Autofenster vorbeiziehen. Wow, das wäre eine Fläche zum Kicken, da hätte man Platz. Doch zwei Straßen weiter, bogen wir schon in eine große Hofeinfahrt ein. „So, alles aussteigen, wir sind da!" rief meine Mutter fröhlich. Dort an der Tür, eines mächtig aussehenden Hauses, konnte ich schon Grandpa und Grandma erkennen, die auf uns zukamen. Nun stieg ich aus, und drückte sie herzlich. Als die Begrüßung vorbei war, zeigte mir mein Grandpa das

17

Zimmer, in dem ich die nächsten Tage
verbringen werde. Ich staunte nicht
schlecht, als er mich zu einer alte Scheune
brachte, und sagte: „Das mein Junge, ist für
die nächste Zeit dein Reich." Sie war
fünfmal so groß, wie mein Zimmer. In der
Mitte stand ein Tisch mit Stühlen, in der
einen Ecke ein großes Bett, und in der
anderen ein Fernseher. Ich stellte meine
Koffer ab, und ging auf Erkundungstour.
Rund um den Hof war nichts als freie
Wiese, ab und an konnte ich ein paar andere
Anwesen erkennen, sonst nur Bäume und
Natur pur. Auch die Luft roch frisch, man
fühlte sich plötzlich voller Energie. Ich lief
weiter, bis ich zu einer Straße kam.
Neugierig folgte ich ihr, sie führte in einen
kleinen Ort, irgendwie war das alles richtig
aufregend. Das Dorf bestand nur aus ca.
zwanzig Häusern, also kein Vergleich mit
unserer Stadt. Auch Geschäfte gab es hier
nicht wirklich, ich sah nur einen Metzger
und einen Kramerladen. Nichts
außergewöhnliches, darum machte ich mich
wieder auf den Weg zurück. Als ich so ein
paar Meter gegangen war, hörte ich ein
Geräusch, das immer näher kam. Jetzt
konnte ich es sehen, es war ein uraltes
Moped, das nun auf mich zusteuerte.

18

Darauf saß ein Kerl mit einer blauen Jeans, 'ner schwarzen Lederjacke, und einem Helm mit verspiegeltem Visier. Als er auf meiner Höhe war, hielt er an.
Eine etwas dumpfe Stimme sagte: „Du bist neu hier, woher kommst du?"
Ich stotterte: „Ich wohne bei den Blacks, meinem Grandpa, bin im Urlaub hier!"
„O.k., soll ich dich mitnehmen?" fragte er mich. Ich nickte bloß, setzte mich hinten auf das Moped, und wir fuhren los. Es war zwar etwas wackelig, aber lustig. Vor der Haustür setzte mich der Fremde ab, und ich wollte mich gerade bedanken, als er den Helm abnahm. Ich staunte nicht schlecht, da kam langes, blondes Haar zum Vorschein. Das war kein Kerl, sondern das hübscheste Mädchen, das ich je gesehen hatte. Ab sofort trafen wir uns fast an jedem Tag, den ich dort verbrachte. Nun sitze ich hier, und schreibe diese Geschichte, neben mir das besagte Mädchen, ihr Name ist übrigens Jean. Wir sind seit knappen neun Jahren zusammen, und wollen nächstes Jahr heiraten. Daß ich bereits mit achtzehn Jahren in die Lüneburger Heide gezogen bin, brauch ich euch nicht zu sagen.
Tja Heimat, ein Wort, mit dem man vieles verbinden kann.

19

Psychiater

Wieso können manche Menschen etwas sehen, was andere nicht sehen?

Mit dieser Frage beschäftigte sich Psychiater, Thomas Dickes, seit zwanzig Jahren. Seine Patienten waren teilweise total verrückt, und ihr Hauptaufenthaltsort die bekannte Nervenklinik „Open Ranges" in Jestervill, der Hauptstadt von Kansas. Doch auch relativ normale Menschen besuchten seine Praxis.
Zum Beispiel, der durchgeknallte Bauer Steven Hops, der seit zwölf Jahren glaubt, Außerirdische hätten ihn entführt. Sein Termin ist heute für 12 Uhr vorgemerkt. Dann war da noch Oma Lischke, die überall mit ihrer toten Katze erschien, Termin, heute 14 Uhr. Oder Richard Tesster, der unter Verfolgungswahn leidet, da alle Frauen ihn lieben, Termin, heute 16 Uhr. Thomas wußte, daß das wieder ein anstrengender Arbeitstag wird. Gerade verabschiedete er sich von Jim Lee, der heute, noch einer der einfachsten Patienten war. Dieser hatte nur Schwierigkeiten, die Trennung von seiner Ex-Freundin, zu verkraften. O.k., wenn das Problem so

einfach zu lösen wäre, bräuchte er die Hilfe
des Psychiaters nicht.
Die Tür fiel ins Schloß des
Behandlungszimmers, Thomas legte die
Füße auf seinen Schreibtisch, und lehnte
sich zurück. So, geschafft, ein Blick auf die
Uhr verriet ihm, daß es schon 11.45 Uhr war.
Ein leiser Seufzer entfuhr ihm, er stand auf,
ging zum Fenster, das etwas offenstand,
und schloß es. Dann ließ er sich wieder auf
seinen Stuhl fallen. Er öffnete die
Schublade, nahm die Akte Steven Hops,
und legte sie auf seinen Schreibtisch. Ein
weiterer Blick zur Uhr, sagte ihm 12.00, o.k.,
gleich geht's los.
Den Gedanken noch nicht zu Ende gedacht,
flog mit einem Rums die Tür auf, riß den
Stopper aus dem Boden, und knallte gegen
die Wand. Ein großer, schlaksiger Mann
betrat den Raum. Er trug eine
gelbgrünkarierte Hose, die beim Waschen
eingegangen war, dazu ein weißes Hemd,
und grüne Hosenträger. Seine Arme waren
zu lang für die Ärmel, und er hatte große
Hände. Auch sein schmales Gesicht, mit
spitzem Kinn, war ein Hingucker. Er hatte
einen schwarzen Oberlippenbart, und dicke
Brauen über seinen braungrauen Augen.
Von seinen Haaren konnte man allerdings

nichts erkennen, da auf seinem Kopf ein
selbstgebastelter Hut aus Aluminiumfolie
saß. Das Ganze wurde durch rote Socken, in
weißen Turnschuhen abgerundet.
Mit einem Satz sprang er hinter die Couch.
„Sind wir allein?"
„Ja Steven, wir sind allein."
Dann kam er langsam hervor.
„Steven, willst du dich nicht setzen?"
Zack, war er wieder hinter der Liege.
„Nein."
„Willst du die ganze Zeit dahinten bleiben?"
„Ja."
„Steven, das hatten wir doch schon mal, also
bitte!"
Jetzt konnte man die Spitze seines Hutes
sehen.
„Steven!" sagte der Psychiater bestimmend.
„Ja?"
„Kommst du jetzt bitte auf die Couch!"
„Sie haben ihren Hut nicht auf, die können
ihre Gedanken lesen."
„Das heißt also, wenn ich mir meine Kappe
aufsetze, dann kommt du hervor."
„Ja!"
Dann griff Thomas nochmal in die
Schublade, und zog eine Kopfbedeckung
aus Aluminiumfolie hervor, und setzte sie
auf. Ihm widerstrebten zwar solche

25

Methoden, aber bei Steven war es eine der
wenigen, die funktionierten.
„Haben sie den Hut auf?"
„Ja Steven, hab ich."
Langsam kam er nun hervor, und setzte sich
im Schneidersitz vor die Liege.
„Pst, wir müssen leise reden, die können
uns hören."
Seine Augen leuchteten wie bei einem
Kleinkind. Der Arzt wußte nicht, warum er
ihn immer noch nicht in die "Geschlossene"
einweisen ließ. Eigentlich war er ein
hoffnungsloser Fall, doch als Bauer, machte
seine Arbeit gut, obwohl er einen gewaltigen
Dachschaden hatte.
„Wie lange bist du schon bei mir, Steven?"
„Hm, ich denke zehn Jahre."
Ja, zehn Jahre, und keine Besserung in
Sicht. Doch damit konnte der Bauer leben,
und die anderen Menschen auch. Er wurde
so akzeptiert, wie er war, die Leute lachten
nicht über ihn, nein, sie behandelten ihn,
wie ihresgleichen. Klar, jedem fiel auf, daß
er nicht alle Lichter auf dem Christbaum
hatte, doch auf seine Weise, war er
glücklich.
Der Psychiater setzte sich neben Steven. Er
wußte, daß sie beide, mit diesen Hüten,
lächlich aussahen.

26

„Steven, du weißt, warum du hier bist?"
„Ja."
„Und warum?"
„Weil es keine Außerirdischen gibt."
„Sehr gut Steven."
„Aber wir beide wissen die Wahrheit!"
„Ja Steven, doch das dürfen wir keinem
verraten."
Steven nickte.
„Also Steven, die Zeit ist leider um, wir
sehen uns Mittwoch wieder,   o.k?"
„O.k."
Dann ging dieser vorsichtig aus dem
Zimmer. Es war 13.45 Uhr, und Thomas
hatte noch ein paar Minuten Zeit zum
Erholen, bis sein nächster Termin fällig war.
Tja, Steven war schon in Ordnung, und so
lange er regelmäßig bei ihm erschien, sah er
keinen Grund, ihn einweisen zu lassen,
denn das würde sein Leben, und das
bißchen Verstand, völlig zerstören.
So, noch ein paar Minuten, dann müßte
Oma Lischke den Raum betreten. Sie war
eine nette, alte Frau, doch leider auch nicht
gerade das, was man als normalen
Menschen bezeichnet. Thomas erinnerte
sich noch an den ersten Tag, an dem sie das
Behandlungszimmer betrat. Sie war nicht
gerade groß und schlank, eher etwas füllig,

27

was ihre Stimme bereits beim ersten Telefonat verriet. Mit ihren achtundsiebzig Jahren, war sie jedoch einer der lustigsten Menschen, die er kannte. Sie hatte einen eher runden Kopf, der auf einem kurzen Hals saß, einen kleinen Buckel, und ihr graues Haar war zu einem Dutt gesteckt. Auf der zierlichen Nase saß ein gewaltiges Nasenfahrad, mit Gläsern, dick wie Bierflachenböden, und dadurch ihre blauen Augen fast dreimal so groß aussahen, wie sie in Wirklichkeit waren.

Sie trug ein rotes Kleid mit weißen Blumen, eine weiße Strumpfhose und hellbraune Halbschuhe. Im Arm hielt sie - ich traute meinen Augen kaum - tatsächlich eine tote Katze, die roch, als wäre sie schon mindestens eine Woche hinüber. Dann setzte sich die alte Dame auf die Couch, und legte das Tier, das Murzele hieß, neben sich, und streichelte es, während sie sich mit Thomas unterhielt. Er brauchte fast zwei Stunden, um Oma Lischke weiszumachen, daß ihr armer Kater sehr krank aussah. Dann erklärte er ihr, daß sein bester Freund Veterinär ist, und dieser sich doch mal Murzele anschauen soll. Am Anfang war Oma Lischke sehr skeptisch, doch dann sagte sie ja. Ihr sei auch schon aufgefallen,

28

daß das Tier etwas komisch riecht, auch
hätte sein Appetit seit einer Woche
nachgelassen, denn es rührte sein Futter gar
nicht an. Mit gemischten Gefühlen verließ
sie dann das Zimmer.
Thomas nahm sich den Rest des Tages frei,
und brachte die Katze zu seinem Kumpel,
der jedoch kein Tierarzt war, sondern sein
Geld damit verdiente, daß er Jagdtrophäen
präparierte. Dieser nahm sich sogleich des
armen Tieres an, das schon sehr
mitgenommen aussah. Zwei Tage später
konnte der Psychiater Murzele wieder
abholen. Er band ihm noch eine rosa
Schleife um den Hals, und fuhr zu Oma
Lischke. Sie war völlig aus dem Häuschen,
und umarmte ihn. Anschließend erzählte er
ihr, daß sie den Fressnapf nach draußen
stellen soll, denn an der frischen Luft ist der
Appetit größer. Natürlich wußte Thomas,
daß sich ab sofort die anderen Katzen um
das Futterproblem kümmern.
So, jetzt war es 14 Uhr. Pünktlich auf die
Minute, betrat Oma Lischke das Zimmer.
„Hallo Thomas", sagte sie freudestrahlend.
„Hallo Frau Lischke, gut sehen sie heute
aus."
Sie hatte sich seit ihrem ersten Besuch nicht
verändert, nur das Kleid war jedes Mal ein

29

anderes.

„Danke für das Kompliment", antwortete sie.

Wie immer hatte sie ihre Katze unter dem Arm. Dann setzte sie sich auf die Couch, Murzele neben sich, und begann den Kopf des Tieres zu kraulen.

„Frau Lischke, wie lange besuchen Sie mich eigentlich schon?"

„Oh, das ist eine gute Frage, ich glaube zwei Jahre."

„Und was hab ich ihnen gesagt, wenn sie mit Murzele vor die Tür gehen?" fragte er mit strenger Mine.

„Oh, Thomas ich weiß, aber diese Transportboxen machen ihr doch Angst."

„Ja, aber es muß sein."

Dann stand er auf, und ging zu einem großen Holzschrank, machte die Tür auf, nahm einen Behälter heraus, und stellte ihn vor Oma Lischke.

„Bitte halten sie sich an unsere Absprachen." sagte er freundlich.

Denn er wußte genau, daß man sie nicht, mit einer toten Katze unterm Arm, durch die Stadt laufen lassen konnte. Sie war achtundsiebzig Jahre alt, und Thomas war der Meinung, daß es nicht gut wäre, sie in eine geschlossene Anstalt einzuweisen.

Ohne ihr Murzele würde sie lieber sterben,
und wenn man ihr Alter bedenkt, könnte das
in so einer Klinik schneller passieren, als in
ihrer gewohnten Umgebung.
Heute verging die Zeit wie im Flug. Jetzt
klopfte es an der Tür.
„Herein“, sagte Thomas.
Es war Tami vom Empfang.
„Ihre Frau hat angerufen, ab wann sie heute
mit Ihnen rechnen kann?“
„Danke Tami, sagen sie, ich versuche gegen
19 Uhr daheim zu sein.“
Die Tür fiel wieder ins Schloß. Der
Psychiater lächelte, ja er war glücklich so
eine tolle Frau zu haben. Was gibt es
eigentlich schöneres als nach Hause zu
kommen, und ein Mensch, den man über
alles liebt, wartet schon.
„Thomas, wir müssen jetzt los“, unterbrach
Oma Lischke seine Gedanken.
„Was, ist es schon so spät, wir sehen uns am
Mittwoch, ja?“
Oma Lischke stand auf, nickte, und setzte
Murzele ganz sanft in die Transportbox,
dann drückte sie Thomas ganz doll, und
verschwand aus der Tür.
Sie war noch nicht ganz draußen, da sprang
schon Richard in den Raum.
Thomas sag Tami, sie soll mich nicht

31

immer mit ihren Blicken ausziehen!"
„Richard, setz dich doch erst einmal."
Richard ließ sich auf die Couch fallen.
Thomas nahm seine Akte aus der
Schublade, und studierte sie. Eigentlich
kannte er sie auswendig, und darum lag in
der Mappe, zwischen den Seiten, immer ein
Micky Maus Heft. Doch Richard kam sich
dann besonders wichtig vor, wenn er die
Unterlagen sah, denn er brauchte viel
Aufmerksamkeit. Ihm gefiel es, wenn sich
jeder für ihn interessierte. Seiner Meinung
nach, gruben ihn überall auf der Straße die
Damen an, denn er war der Frauenheld in
der Stadt.
Seit zwanzig Jahren arbeitete er bei der Post,
und war der beste und schnellste Briefträger
landauf, landab. Er trug stets elegante
Klamotten, und wirkte immer gepflegt. Bis
auf seinen Tick, war er völlig normal.
„Richard, was hab ich dir immer gesagt?"
fragte Thomas ernst.
„Ich soll mich geehrt fühlen, und nicht
bedroht, ich soll mich darüber freuen."
antwortete dieser.
 „Genau, also wieso klappt das nicht?"
„Weil ich mich nicht daran gewöhnen kann,
der schönste Mann der Stadt zu sein."
„Richard, wenn ich dir helfen soll, mußt du

dir helfen lassen." Während der Psychiater
mit ihm sprach, blickte er kein einziges Mal
von seiner Akte auf. Richard nickte nur.
Dann kam Tami mit einer Kanne Kaffee
und zwei Tassen herein. Sie stellte alles auf
einen kleinen Tisch, der neben der Couch
stand. Sie blickte Richard nur kurz an, dann
folgte ein Lächeln.
„Thomas, Ihre Frau läßt ausrichten, daß es
Lasagne gibt, also kommen sie nicht zu
spät."
Dann verschwand sie wieder durch die Tür.
Thomas legte die Akte beiseite, und
schmunzelte: „Richard, gut daß Sie da sind,
ich bekomme sonst nie Kaffee."
Auch Richard lächelte jetzt. Der Psychiater
setzte sich neben ihn, und sie tranken
erstmal den Mokka, redeten eine Weile, und
schon war die Zeit um.
Richard verabschiedete sich, und sagte:
„Wir sehen uns Mittwoch."
Dann ging er nach Hause.
Mittwoch, ja darauf freute sich Thomas,
denn da spielten alle vier Poker, bis spät in
die Nacht.
Um 18.45 Uhr verabschiedete sich Tami mit
dem Satz: „Bye Thomas, und denk dran,
pünktlich zu Hause zu sein."
Thomas berichtigte noch die Akten, damit

33

alles seine Ordnung hatte. Als er auf die Uhr
blickte war es 20.00. Mist, jetzt komme ich
zu spät nach Hause. Schnell packte er alles
zusammen, verließ sein Büro, machte das
Licht aus, und schloß ab. Er mußte
fünfzehn Minuten zu Fuß gehen, denn ein
Auto besaß er nicht. Als er vor seinem Haus
stand, ging er langsam zum Eingang. Was
würde seine Frau nur sagen, weil er schon
wieder unpünktlich war. Er steckte den
Schlüssel ins Schloß, und öffnete die Tür.
Im Wohnzimmer brannte noch Licht.
„Schatz, ich bin endlich zu Hause."
Dann ging er in die Küche, sah, daß das
Essen in der Mikrowelle stand, und
schaltete sie ein. Aber in Gedanken, war er
bei seiner Frau. Er hoffte, daß sie nicht allzu
sauer war, denn in dieser Woche kam er
schon das dritte Mal zu spät. Jetzt sollte er
sich endlich mal sieben Tage Urlaub
gönnen, in denen er die Zeit mit seiner Frau
verbringt. Nein, eigentlich war sie nie
zickig. Nun waren sie schon seit 20 Jahren
verheiratet, und ganz selten gab es ein böses
Wort. Sie erlaubte ihm auch, jeden
Mittwoch mit seinen Patienten zu pokern.
Sie spielten aber nie um Geld.
Ein lautes „Pling" riß ihn aus seinen
Gedanken. Er nahm sein Essen aus der

Mikrowelle, und setzte sich auf das Sofa im Wohnzimmer. Seine Frau grinste ihn nur an. Thomas aß mit solcher Hingabe, daß man meinen könnte, er habe schon seit Jahren nichts mehr bekommen. Als er fertig war, nahm er seinen Teller, und stellte ihn in die Spülmaschine. Dann setzte er sich wieder auf die Couch, legte seinen Arm um seine Frau, die sich jetzt an ihn kuschelte. Sie schauten noch etwas Fernsehen, dann gingen sie gemeinsam ins Bett. Nein, seine Frau war nicht böse, sie liebte Thomas genauso, wie er sie. Er ging noch schnell ins Bad, duschte kurz, und als er wieder ins Schlafzimmer kam, lag sie schon auf ihrer Seite und schlief. Er legte sich zu ihr, deckte sie zu, und gab ihr einen sanften Kuß auf die Stirn.

Warum gibt es Menschen die etwas sehen und hören, was andere nicht sehen und hören? - Ganz einfach, man müßte genau hinschauen, und das können die Wenigsten. Viele sehen nur die Oberfläche, und machen sich nicht mehr die Mühe, nach dem Darunter zu fragen.

Wann sind Menschen verrückt? Wenn sie sich an eine Illusion klammern, ohne die sie sonst in dieser Welt nicht bestehen könnten?

Nehmen wir Thomas, und seine Patienten.
Alle müßten laut Gutachter in die
Psychiatrie, nur weil sie etwas anders sind.
Thomas weiß, daß keiner das seelisch
verkraften könnte. Steven würde noch mehr
durchdrehen, Oma Lischke keine zwei Tage
überleben, und Richard sich gehen lassen,
und vor sich hin vegetieren. Nein, diese
Leute brauchten weder Nervenärzte, noch
Medikamente, sondern Freunde. Und jeden
Mittwoch beim Pokern, waren alle
füreinander da.

Denn wenn wir jetzt genauer hinschauen,
werden wir erkennen, daß Thomas allein in
seinem Bett liegt, denn seine Frau ist vor
fünf Jahren, bei einem Autounfall gestorben.
Damals brach für ihn eine Welt zusammen,
denn sie war sein Leben, die Luft die er
atmete, die Sonne, die nur für ihn scheint.
Er wollte seinen Job schmeißen, und sich zu
Hause verkriechen. Doch auf einmal
erschien seine Gattin wieder. Sie rief in der
Arbeit an, kochte ihm Essen, und räumte
auf. Es war wie früher, und er ging wieder
an die Arbeit, um für andere dazu sein. Er
lächelte den ganzen Tag, und war der
glücklichste Mensch auf Erden. Für Leute
die ihn nicht kannten, sah es so aus, als sei

37

er und seine Frau, das glücklichste Paar auf
Erden. Keiner machte sich die Mühe
genauer hinzusehen, denn sonst hätte man
erkannt, daß Tami nie einen Anruf bekam,
oder Steven jeden Tag damit verbrachte,
den Haushalt von Thomas auf Vordermann
zu bringen. Richard erledigte dreimal die
Woche den Einkauf, und Oma Lischke
sorgte dafür, das immer Essen in der
Mikrowelle stand, und daß seine Wäsche
gemacht wurde. Tami fuhr jeden Tag, nach
Feierabend, zu ihm nach Hause, und
schaltete im Wohnzimmer das Licht, und
den Fernseher ein.

Es ist nicht einfach, immer alles zu
verstehen, und was nicht
offensichtlich ist, macht uns Angst.
Jeder von uns flüchtet aus seinem
Alltag, doch manche finden den Weg
nicht mehr zurück. Haben wir
deshalb das Recht, über sie zu
bestimmen?

<u>Tesch,</u>

Ha, ha das ging wohl in die Hose
Van Helsing

Wieder mal ein Tag, den ich von
Sonnenaufgang bis Sonnenuntergang
verfluchte. Es war sechs Uhr morgens, und
ich schlich durch ein großes Haus. Wieso
mache ich das eigentlich? Tja, weil ich blöd
bin, ist sicher einer der Gründe, und ein
anderer, daß mein Meister es befohlen hat.
Also schlich ich nun umher, obwohl
schleichen nicht gerade das richtige Wort
war, durchwühlte alle Schubladen, warf eine
große Vase auf den Fußboden, so daß es nur
so knallte, und schmiß Stühle gegen die
Wand. Doch nichts passierte, keine
Menschenseele rührte sich. Jetzt sprang ich
auf den Tisch, und hüpfte so lange auf und
ab, bis er mit einem lauten Krachen
zerbrach. Wieder nichts zu hören. Ich rannte
durch Wohn-, Eß- und Kinderzimmer, trat
gegen Schränke, zerschlug teures Geschirr,
und trommelte auf Töpfen herum.
Anschließend riß ich kleinen Teddys die
Köpfe ab, o.k, das war nicht laut, aber ich
hasse diese niedlichen Dinger. Aber egal,
wie viel Lärm ich auch machte, es rührte
sich niemand, langsam kam mir das
spanisch vor. Ich rannte ins Schlafzimmer

meines Opfers, doch das Bett war leer. Das kann nicht sein, hier müßte doch der Pater liegen, und schlafen. Der Meister sagte doch, das große schwarze Haus, mit der Nr. 15. Ich ging hinaus, und schaute es mir nochmal genauer an. Ursprünglich war es nachtschwarz, aber nachdem die Sonne langsam aufging, kam es mir eher grau vor. Doch da, über der Eingangstür, stand doch ganz groß, äh … Nr. 13 drauf. „Ups", mein Fehler. Oh, ein Haus weiter, wie konnte das nur passieren. Echt saublöd gelaufen, aber jetzt schnell. Ich rannte zu dem nächsten Gebäude, z…z…z, da steht ja dick und fett Nr. 15. Mit voller Wucht trat ich die Tür ein. So, für die „mach richtig Lärm-Taktik" war nicht mehr genug Zeit, jetzt mußte „Plan B" ran. Ich rannte zum Schlafzimmer, da hörte ich schon ein leises Schnarchen. Mit einem Tritt öffnete ich die Tür, daß es nur so krachte, doch der Pater hörte es nicht, der muß ja klasse träumen. Nun betrat ich das kleine Zimmer.
„Iii, 'ne, Blümchentapete!" rief ich,
„wie kann man hier bloß schlafen?"
Links neben dem Bett standen zwei große Schränke, rechts ein kleines Nachtkästchen, mit einer potthässlichen, roten Stehlampe. He, ich hoffe sein Geschmack in Sachen

Frauen ist besser. Stopp mal, darf ein Pater
eigentlich eine Frau haben? Also lief ich
zum Bett, und zog die Decke weg. O.k.,
Frage beantwortet. Doch sein Kennerblick,
was das schöne Geschlecht angeht, war
nicht wirklich der Renner, denn neben ihm
lag eine kleine Frau, mit langem, dunklen
Haar, und einer, eigentlich ganz passablen
Figur, doch einen Rasierer hatte sie
wahrscheinlich noch nie zu Gesicht
bekommen, brrr. Dann sah ich zu ihm
hinüber, er schlief so süß wie ein Engel, und
hatte sogar ein Zelt für mich in seiner
Unterhose aufgeschlagen.
Mit voller Wucht sprang ich vor sein bestes
Stück, und rief: „Na wer freut sich denn da,
mich zu sehen?“
Dann setzte ich an, und trat ihm voll auf
seine Palme. He, konnte der schreien, man
glaubt gar nicht, daß er vor dem Treffer
noch ein Mann war, wahrscheinlich hat er
schon heimlich geübt, wie eine Frau zu
kreischen. Auch sie wachte nun auf, und
jetzt plärrten beide im Chor.
Dann sprang er auf, und ich plumpste aus
dem Bett. Während ich mich aufrappelte,
trat der Kerl nach mir, doch meilenweit
daneben.
„Na, einen kleinen Schnaps als Zielwasser?“

43

fragte ich frech.

„Was bist du, ein Dämon?"

Guck mal, ein Schnellspanner von der Firma
Langsam.

„Weiche Satan!" brüllte er mich an, und zog
ein Kruzifix unter seinem Kissen hervor.

„He Pater, das ist aber niedlich!"

Dann riß ich es ihm aus der Hand, steckte
es in den Mund und schluckte es hinunter.
Der Pater wurde ganz weiß im Gesicht.

„Übrigens, ich dachte immer ihr
Kuttenbrunzer dürft nicht mit Frauen
poppen?" schnaubte ich ihn an. „Ja, ja,
immer Moral predigen, aber sich nicht
daran halten, das hab ich gern."

Nun zog er die Heilige Schrift aus seinem
Nachtkästchen und las laut vor. Oh Gott,
wo bleibt mein Meister. Auch noch eine
Bibelstunde, soviel Scheinheiligkeit
verkrafte ich nicht.

Jetzt brüllte der Pater: „Im Namen des
Vaters, des Sohnes ..."

Zu mehr kam er nicht mehr, denn ich riß
ihm die Bibel aus der Hand, und stopfte sie
in seinen Mund. Nun sah ich zu der Frau
hinüber, sie saß total verängstigt im Bett,
die Arme um die Beine geschlungen. Sie
hatte aufgehört zu schreien, und heulte nur
noch.

Oh Mist, die Tür steht ja offen, ich hab
schon wieder vergessen sie zuzumachen.
Das mag mein Meister gar nicht, das
versaut ihm immer den Auftritt. Apropos,
wo ist der Trottel eigentlich? Wieso muß ich
immer die Drecksarbeit machen. Doch da
stieg schon leichter Nebel im Zimmer auf,
dann konnte man Schritte hören. Die Frau
schaute zur Tür, der Pater aber rührte sich
nicht.
Jetzt stand ein kräftiger, älterer Mann im
Eingang, er trug einen langen Ledermantel,
darunter eine schwarze Hose, schwarzes
Hemd und schwere Stiefel. An seinem
rechten Bein war ein Gurt mit Holzpflöcken
befestigt, und um seine Hüfte trug er einen
Gürtel, mit vielen großen Taschen, auch ein
paar dieser Holzspielzeuge steckten drin.
Das Gesicht war etwas länglich, mit ein paar
Falten, und seine grünen Augen funkelten
mich an. Er trug einen großen Schlapphut,
darunter hatte er schwarze, schulterlange,
fettige Haare. In der linken Hand hielt er
eine Armbrust, die rechte richtete er jetzt
gegen mich, und eine gelbe Lichtkugel
schoß auf mich zu.
Jetzt konnte ich den Pater „ Van Helsing“
rufen hören.
Als ich getroffen wurde, warf ich mich

45

rücklings auf den Boden, und rief so
überzeugend, wie möglich: „Au, au, das tut
so weh."
Van Helsing stand nun über mir, mit einem
Fuß drückte er mich auf den Boden, zielte
mit seiner Armbrust auf mich, und jagte mir
einen Pfeil direkt ins Herz. Scheiße, das
waren jedes Mal saumäßige Schmerzen.
Also wenn es nach mir ginge, könnte ich
darauf echt verzichten. Dann wurde
langsam alles dunkel.
Als ich die Augen wieder öffnete, lag ich in
meinem Bett aus Heu, klasse, ich bin
wieder zu Hause. Ich stand auf, und ging
von meinem kleinen Zimmer aus, das Van
komplett mit Heu ausgelegt hatte, ins
Wohnzimmer. Dort saß mein Meister an
einem kleinen Holztisch, und zählte Geld.
Der Raum war nicht großartig eingerichtet,
da mein Herr immer in Aufbruchstimmung
war. Also stand hier nur ein Tisch, ein Stuhl,
zwei kleine Schränke, und von der Decke
hing eine Lampe, die das Zimmer erhellte.
Ich ging auf Van zu, und fragte: „Na, was
hat es diesmal gebracht?"
„Tja, da mein Auftraggeber noch für ein
kleines Geheimnis bezahlen mußte, das
doppelte." antwortete Van.
Super, und was hab ich davon, der Pfeil

steckt immer noch in meiner Brust. Jetzt
zog ich ihn mit einem schnellen Ruck
heraus.
„Aua!"
„Stell dich nicht so an, du bist ein Dämon.
Das tut dir doch nicht wirklich weh!"
„Ach Van, halt die Schnauze."
Dann stampfte ich wieder in mein Zimmer,
und legte mich ins Heu. Klasse, er steckt die
Kohle ein, und bei mir reicht es nicht mal
für ein anständiges Bett.
Ein lautes Bimmeln riß mich aus dem
Schlaf. Ich hielt mir die Ohren zu, doch das
Bimmeln wurde immer lauter.
Also stand ich auf, stampfte ins
Wohnzimmer, und stellte mich vor Van:
„Sie haben geläutet Meister?"
Er saß auf seinem Stuhl, und lächelte: „Ja
Tesch, ich wollte nur sagen, gut hast du das
heute gemacht! Ach ja, und hol mir noch
eine Flasche Wein aus dem Keller."
„Ja Meister."
Dann verbeugte ich mich, und ging die
Treppen einen Stock tiefer. Irgendwann
stecke ich ihm diese Bimmel dahin, wo
keine Sonne hinkommt. Dieser
aufgeblasene Wicht, wer macht denn die
ganze Arbeit? Tesch tu dies, Tesch hol das,
Tesch geh in das Haus, und erschrecke die

47

Menschen dort so, daß ich als tollkühner Held dastehe.

Ich Tesch, der Dämon, habe schon vielen Magiern, Zauberern und Königen gedient. Die meisten waren grausam, aber ein paar nette auch dabei, doch an einen solchen Trottel kann ich mich nicht erinnern. Ich verstehe immer noch nicht, wie er es geschafft hat, mich zu rufen, da es nicht vielen gelingt, einen Dämon zu beschwören, und danach noch am Leben zu sein. Denn als erstes, suchen wir herbeigezauberten Teufel nach einer Schwachstelle.

Diese kann im Pentagramm oder im Zauberspruch liegen. Wenn wir eine finden, hat der arme Magier nix zu lachen. Falls nicht, sind wir am Arsch, und müssen unserem Meister dienen, doch das kommt ganz auf den Geist an. Es gibt welche, von denen sagt man, daß sie unsterblich sind, und die kann man nicht wirklich kontrollieren, wie Catsch, denn er gehört zu einer ganz eigenen Rasse von Dämonen. Bartimäus zum Beispiel, muß dem Magier dienen, doch bei Nichtgebrauch, kann ihn dieser wieder in seine Welt zurückschicken. Aber er ist einer von der Sorte Teufel, die es seinem Herrn recht schwer machen. Doch ich verstehe das, denn nicht viele Geister

48

können es lange ertragen, in dieser Welt zu
sein. Also versuchen sie, die Befehle des
Meisters, zu ihren Gunsten auszulegen.
Ich bin da anders, von allen Dämonen liebe
ich diese Welt am meisten. Ja, ihr habt
schon richtig gelesen. Es ist ja nicht so, daß
diese die einzigste ist, in unserem
Universum gibt es viele verschiedene
kosmische Räume, doch die meisten wissen
nichts von der Existenz der anderen. In den
einen leben Menschen, Zauberer, Elfen und
Zwerge zusammen, in anderen nur
Menschen und Zauberer. Das ist eigentlich
die Welt, in der die meisten Dämonen
beschworen werden. Wir Geister sind jedoch
aus einer ganz anderen, manche nennen es
Dimension, andere wiederum Sphäre. Aber
das ist egal, denn da wo wir herkommen
gibt es keinen Körper, wir sind wie Nebel,
der umherzieht. Nur unsere Gedanken,
unsere Seele, sonst nichts, nur Leichtigkeit.
Eigentlich hört es sich klasse an, aber ich
finde das nur scheiße. Keine Pizza, kein TV,
kein gar nichts, nur gequirlter Mist.
Bei mir funktioniert es folgendermaßen:
werde ich beschworen, verbinde ich mich
mit meinem Meister, und lebe solange wie
er, auch fühle ich seine Schmerzen, wie er
meine. Nur Van ist da irgendwie immun

49

dagegen, sonst würde er mir nicht immer
wieder einen Pfeil ins Herz jagen.
Was ich noch nicht verstehe, ist, daß er, der
von Magie außer Lichtkugeln und etwas
Nebel, so viel Ahnung hat, wie eine Kuh
vom Eier legen, es trotzdem schaffte, mich
herzubringen, und dann nicht mal mit mir
Schmerzen spürt. Aus diesem Grund kann
er auch machen was er will, denn er weiß,
daß ich ihm nichts antun kann. Wenn ich
mich also selbst verletze, um ihn zu quälen,
bringt das rein gar nichts. So bleiben mir
nur kleine Gemeinheiten, um das Leben
hier zu genießen, wie ins Essen spucken,
den Wein pinkeln, oder mich an seinem
Apfelkuchen vergehen.
Wenn ich die Idee mit dem Apfelkuchen
hätte patentieren lassen, müssten mir die
Macher von "American Pie" aber ein
Haufen Geld zahlen. Jedoch am besten
funktionierte die Sache mit
Aprikosenkuchen, denn wenn man sich
darauf richtig vergnügt hatte, warf man
einfach ein paar Streusel drüber, nomal
sechs Minuten in den Ofen, und „bon
appetit".
„He, Tesch wo bleibt mein Wein."
Ach richtig, da war ja noch was, ich nahm
zwei Flaschen Weißwein aus dem Regal,

50

ging hinauf, stellte sie auf den Tisch, und
sagte: „Meister, dazu würde jetzt vorzüglich
ein Stück Aprikosenkuchen passen."
Ich konnte mein Grinsen gerade noch
verbergen.
„Nein danke Tesch, geh lieber, und schau
nach meiner Katze, ich kann sie nicht
finden."
Ich verbeugte mich nur, und watschelte
nach draußen in den Hof. „Komm Mieze,
komm", rief ich übertrieben laut, damit Van
es auch hören konnte.
Van liebte Katzen, doch war das leider
schon die zwanzigste, die ihn nicht mochte,
und sich einfach so aus dem Staub machte.
Erst letztens sagte er, er könne das gar nicht
verstehen. Tja, ich auch nicht, also lief ich
über den Hof, und versuchte vergeblich, das
dumme Vieh zu finden. Ich weiß nicht, was
er an den Tieren mag, das war jetzt die
zwanzigste, und alle schmeckten gleich
scheiße, zwar etwas nach Hähnchen, aber
wie gesagt, nur etwas. Auch das Fell bekam
mir nicht so gut.
Dann setzte ich mich auf eine große Kiste,
und rief alle zwei Minuten: „Mieze, wo bist
du?"
Doch wir wissen genau, daß sie sich aus
meinem Verdauungssystem nicht melden

51

konnte. Ich bin ja nur gespannt, wann er Nummer 21 anschleppt, und mich bittet, auf sie aufzupassen, während er sein nächstes Opfer aussucht.

Unser Held Van Helsing, eigentlich nur ein Trottel, mit viel zu viel Glück. Ja, ganz am Anfang war es noch lustig, da hatte er sich noch nicht dem Alkohol verschrieben. Wir jagten Dracula, und während mein Meister ängstlich neben dem Sarg kauerte, stieß ich dem Vampir einen Pflock ins Herz. Dann packte Van den toten Fürsten und zog ihn ins Sonnenlicht, wo dieser dann zu Staub zerfiel. Klasse, und wer wurde jetzt berühmt? Ha, ich nicht, nein, unser Schißhase Van Helsing. Ja, auch andere Hexen und und Monster hab ich zur Strecke gebracht, doch Van wurde immer berühmter.
Aber die Zeiten änderten sich, es gab bald nicht mehr viel zu jagen, denn die meisten versteckten sich nun. Also kam mein großer, intelligenter, mutiger Meister auf die Idee, mich in reiche Häuser zu schicken. Hier mußte ich den Leuten erst einen tierischen Schrecken einjagen, dann trat er, als der tapfere Van Helsing auf, und tötete den

52

Dämon.

Mich hat keiner gefragt, ob mir das gefällt, ich hörte immer nur: „Tesch, du machst was ich dir sage!"

Langsam überlege ich mir ernsthaft, ob es in meiner Sphäre nicht besser wäre, als mich hier, von so einem Oberwichtel, rumschubsen zu lassen. Ich hasse sie zwar, die körperlose Welt, aber Van hasse ich noch mehr. Ich hoffe echt, daß ich mal einen Meister bekomme, der mich zu schätzen weiß, na ja, und ein bißchen Unsterblichkeit für ihn, wäre auch für mich von Vorteil, aber genug geträumt. Nun, ging ich wieder zu dem alten Sack. Jeden Tag hoffte ich, daß er sich an Wein und Schnaps totsaufen würde, doch mein Wunsch wurde nie erhört. Seit dreißig Jahren diene ich ihm nun schon, und meine einzige Hoffnung ist, das Warten darauf, daß er sich im Alkohol ertränkt, denn Gott sei Dank, ist er ja nicht unsterblich. Da schlief der Kerl nun, die Beine auf dem Tisch, und wippte mit dem Stuhl. Ich schlug die Tür mit einem so einem lauten Krachen zu, daß er aufschreckte, und samt Hocker nach hinten flog. Jetzt konnte ein lautes Knacken vernehmen, und grinste, in der Hoffnung, daß er sich das Genick gebrochen hatte.

53

Sogleich stellte ich mich darauf ein, wieder in meine Welt zu kommen.

Doch der Trottel rappelte sich auf, und schnauzte mich grantig an: „Geht das nicht leiser?"

Klar, meine hochwohlgeborene Schnapsdrossel, aber das wäre bei weitem nicht so lustig gewesen, wollte ich ihm gerade an den Kopf knallen.

Aber aus meinem Mund kam nur: „Sorry Meister."

Dann klopfte es an der Tür.

„Tesch mach dich unsichtbar."

Ich tat, wie befohlen, und verschwand. Van zupfte seine Klamotten zurecht, obwohl ich Waschen angebrachter fände, denn er stank aus hundert Metern Entfernung nach Alk. Aber bring mal einem sechsundfünfzig Jahre alten Hund neue Kunststücke bei. Als er die Tür öffnete, trat ein alter Mann herein, er war groß, hatte weißes, langes Haar und eine total verdreckte Robe. Nach seinem Gesicht zu urteilen war er sehr alt, ich tippte achtzig Jahre.

„Van Helsing, sie müssen mir helfen, in Nordwitsch haust ein böser Dämon, und er tötet alles, was ihm über den Weg läuft."

He, das hört sich nach Catsch an, wer hat denn den wieder erweckt. Klasse, das wird eine Party.

„O.k, wir machen uns auf den Weg." sagte
Van.

Juhu, ich packe schon mal. Was brauche
ich: Luftballons, Partyhüte, Pappteller und -
becher.

„Wie sieht der Dämon eigentlich aus?"
fragte Van.

„Er ist 2 Meter groß, hat weiße, ledrige
Haut, ein grauenerregendes Gesicht, mit
scharfen Zähnen, und ein großes, schwarzes
Horn auf der Stirn." sagte der alte Mann.

O.k., die Party war gelaufen, das ist nicht
Catsch, das ist Berserker der Partyflopp.

Also, mir gönnt man aber auch gar keinen
Spaß. Denn als ich Berserker das erste Mal
traf, war das in der Schlacht zwischen den
Mächten Europas.

*Nun etwas Geschichte:
Schauplatz - Der Dreißigjährige Krieg, von
1618 bis 1648.
Es war ein Konflikt um Hegemonie, oder
Gleichgewicht zwischen den Mächten
Europas, und zugleich ein Religionskrieg.
In ihm entluden sich sowohl die Gegensätze
zwischen der Katholischen Liga und der
Protestantischen Union, innerhalb des
Heiligen Römischen Reiches, als auch der
habsburgisch-französische Gegensatz, auf
europäischer Ebene. Gemeinsam mit ihren
jeweiligen Verbündeten in Deutschland,
trugen die habsburgischen Mächte
Österreich und Spanien, ihre dynastischen
Interessenkonflikte mit Frankreich, den
Niederlanden, Dänemark und Schweden
aus.*

Ein Magier von der Protestantischen Union beschwor mich, Berserker und noch ein paar andere Dämonen, damit wir ihnen im Krieg beistehen. Die katholische Liga tat das gleiche. Tja, so sind sie, die Schwarzröcke, erst predigen, wenn man sich nicht an die Bibel und die Gebote hält, kommt man in das ewige Fegefeuer. Doch wenn sie Hilfe im Krieg brauchen, dann sind wir kleine Höllenfürsten plötzlich nützlich.

Die Liga ließ ihre Teufel, wie wilde Tiere auf unsere Leute los, so wurde der Krieg zum absoluten Gemetzel, und dauerte dreißig Jahre, da die meisten Dämonen nicht so einfach sterben konnten. Die Feldzüge und Schlachten fanden überwiegend auf dem Gebiet des Heiligen Römischen Reiches statt. Man erzählte, daß Hungersnöte und Seuchen das Land verheerten, und zur Entvölkerung ganzer Landstriche beitrugen. Aber, daß die meisten Menschen als Futter für die Teufel herhalten mußten, um diesen Krieg aufrechtzuerhalten, sagte keiner.
Ich kämpfte dicht an der Seite von

Berserker, der ein ausgezeichneter Krieger war, aber eine Spaßbremse ohnegleichen. Er haßte diese Welt, und wollte nur zurück. Doch er hatte keine Lücke in der Beschwörung gefunden, also mußte er seinem Magier dienen, und in den Krieg ziehen. Doch er war nicht so an ihn gebunden, wie ich an meinen. Wenn Berserker seine Aufgabe gut erledigte, konnte ihn der Meister jederzeit aus seinem Dienst entlassen. Ich aber, mußte bis ans Lebensende bei meinem bleiben. Nachdem wir in diesem Krieg sieben Jahre gekämpft hatten, und kein Ende in Sicht war, wurde Berserker immer grantiger. Er mußte etwas unternehmen, sonst würde er ewig in dieser Welt weilen. Dann machte der Magier, der sich auf mehrere Dämonen gleichzeitig konzentrieren mußte, den alles entscheidenden Fehler.

Eines Abends, als ihm wieder einmal alles zuviel wurde, sagte er: „Das kotzt mich so was von an, ich möchte einfach nur noch meine Ruhe haben.“

Berserker faßte das als Wunsch des Meisters auf, und verhalf ihm zur „ewigen Ruhe“, indem er ihm das Genick brach. Also, solltet ihr einmal einen Dämonen beschwören, denkt dran, was ihr sagt, denn jeder Wunsch

wird erhört. Das Ende des Krieges bekam
ich nicht mehr mit, denn ich segelte als
Nebelgeist durch meine Sphäre. Auch
Berserker traf ich nicht wieder.
Als ich das nächste Mal auf diese Welt kam,
sah ich vor mir einen
Sechsundzwanzigjährigen, kann man da
schon Mann sagen? Er stand etwas abseits
eines Pentagrammes, und las aus einem
Buch die Worte, die mich hierherbrachten,
und mir einen Körper gaben. Ich schaute
mich um, wir waren in einem Zimmer, in
dem nur ein fünfzackiger Stern auf den
Boden gezeichnet war. Dieser war tadellos,
keine Lücke, auch die Formel sprach er,
ohne sich zu verhaspeln, oder zu stottern.
Scheiße, das heißt der Kleine ist mein
Meister.

Die ersten Worte, die aus seinem Mund
kamen, waren: „Bist du ein Dämon?“
Klasse, da wußte ich, das ist ein Trottel.
Ich antworte: „Jepp!“
Darauf sagte er: „Mein Name ist Van
Helsing.“
Toll, heißt das, der Knilch will jetzt auch
noch wissen, wie ich heiße? Aber ich

59

schwieg.
Und prompt.
„Wie heißt du?“
„Mein Name ist Tesch“, sagte ich genervt.
Also wenn ich Glück habe, weiß der Knilch
nicht, welche Macht er über mich hat, und
wenn dem so ist, könnte es richtig lustig
werden.
„Du weißt, daß ich dein Meister bin, und du
alles machen mußt, was ich sage?“
O.k., ich habe mich geirrt, mit lustig hat das
jetzt nichts mehr zu tun. Van Helsing war
selbsternannter Dämonen- und
Vampirjäger, dazu noch eine große
Nervensäge. Also ich weiß nicht, wie man
mit sechsundzwanzig so dumm sein kann.
Die ersten Jahre verbrachten wir auf der
Jagd nach dem Übernatürlichen, doch mit
der Zeit entdeckte Van seine Vorliebe für
leichte Frauen und Alkohol. Als Held hätte
er richtig gut leben können, doch für seine
zwei Hobbys, haute er alles auf den Kopf.
Jetzt ist er sechsundfünfzig, und keinen Tag
klüger, als ich ihn damals traf.
Jetzt blickte ich wieder zu meinem Meister
und dem alten Mann, beide unterhielten
sich, und handelten einen Preis aus. Tja, so
ist das im Leben, es geht nur ums Geld. Der
alte Mann verließ unser Haus, und als Van

60

die Tür schloß, wurde ich wieder sichtbar.
„So, du willst also einen Dämon jagen?"
fragte ich ihn.
Er winkte mit einem, nicht gerade kleinen
Beutel voll Münzen, und antwortete: „Ja,
kennst du den zufällig?"
„Nein Meister."
Ha, ihr denkt gerade, daß ich nicht lügen
darf, doch er sagte ZUFÄLLIG, und ich
kannte meinen Artgenossen todsicher, seht
ihr, alles reine Auslegungssache. Als Van
Helsing seine sieben Sachen gepackt hatte,
stiegen wir in eine Kutsche, und fuhren
nach Nordwitsch. Gerne würde ich euch
erzählen, daß es eine schöne und geruhsame
Fahrt war. Aber die sechs Stunden in dieser
Droschke, die bei jedem größeren Stein
wackelte, machten mich seekrank, und
kamen mir endlos vor. Van bekam von
alledem nicht viel mit, er kippte sich ein
paar Flaschen Schnaps hinter die Binde,
kuschelte mit seinem neuem Kätzchen - Nr.
21 - und gut war's. Als wir Nordwitsch
erreichten, machte ich erst mal einen
kleinen Freudensprung, denn wir mieteten
ein Hotelzimmer. Van ging gleich in die
Wirtschaft, um etwas zu essen, während ich,
der arme Stiefelknecht, seine Sachen aufs
Zimmer brachte. Mit einem Vollrausch kam

er dann drei Stunden später wieder.
„Ich leg mich hin, und du Tesch, gehst nach draußen und hältst diesen Berserker davon ab, mich anzugreifen. Das ist ein Befehl!“ lallte er.
Dann fiel er ins Bett, und schlief gleich ein.
Toll: „Tesch geh raus in die Kälte, und beschütze mein jämmerliches Leben.”
Also wie befohlen, schlenderte ich nach draußen, und sah mich um. Der Hinterhof war voller Abfall und großer Kisten. Ich glaubte nicht, was ich jetzt sah, auf einer Kiste saß Berserker, und nagte von einem großen Knochen das Fleisch ab.
Nun trat ich auf ihn zu, und sagte: „Was machst du denn hier?“
„Z...z...z..., was ist nur aus dem 'Hallo, wie geht's dir?' geworden“, schmatzte er nur.
„O.k., hallo Berserker, alter Menschenfresser, alles klar?“ antwortete ich sarkastisch.
„Ja schon, aber das ist Kuh, willst du auch mal?“ dann hielt er mir den Knochen hin.
„Nee, laß mal, mir liegt Nr. 21 noch schwer im Magen.“
„O.k. Was willst du hier, ich hörte du zerstörst die Stadt?“
„Nö, das ist eine Lüge.“
„Hä?“

„Mein Meister schickte mich her, weil er wußte, daß ich dich kenne, mein lieber Tesch!“

„Oh, jetzt verstehe ich nur noch Bahnhof.“

„Ich erkläre es dir.“

Dann schluckte er kräftig hinunter.

„Also mein Meister, hat deinem damals geholfen, dich zu rufen, aber dein Meister hat viele Feinde in dieser Welt.“

Tja, das kann ich mir gut vorstellen.

„Also haben sie dich geschickt, um ihn aus dem Weg zu räumen?“

„Nein!“

„Wieso bist du dann hier?“

„Erinnerst du dich, was dein Meister gerade zu dir gesagt hat?“

„Jepp.“

„Gut, das habe ich auch durch das offene Fenster gehört.“

„Und weiter?“

Berserker streckte mir nochmal den Kochen hin, an dem noch etwas Fleisch baumelte.

„Willst du?“

„Erst sag mir, wieso du hier bist?“

„Ich soll dich ablenken.“

Darauf zuckte ich mit den Schultern.

„Ach so, ja dann gib ihn mir doch mal.“

Ich biß genüßlich hinein, während ich einen Schrei aus dem offenen Fenster hörte. …

63

… Dann war ich gequirlter Nebel in meiner
Sphäre, alles hatte keine richtige Bedeutung
mehr. Doch ein Gedanke kam mir immer
wieder in den Sinn, ich wußte schon immer,
daß mein Ex-Meister an Blödheit stirbt.
Lange Zeit wandelte in diesem Zustand, bis
ich plötzlich einen Schmerz verspürte. Ich
öffnete die Augen, und hatte wieder einen
Körper. Nun stand ich in einem Vorhof aus
Erde, in die ein Pentagramm gezeichnet
war, und um dieses Sterne aus Ästen lagen.
Jetzt hörte ich noch die letzten Worte der
Beschwörungsformel, dann verzog sich der
Nebel, und ein Junge kam zum Vorschein.
Ich mußte innerlich lachen, denn der
fünfzackige Stern war nicht gut gezeichnet,
überall hatte er kleine Lücken. Der arme
Knirps noch so jung, und gleich wird er
nicht mehr älter werden.
„Meister ihr habt mich gerufen, was kann
Tesch tun?"
Außer dich gleich in Stücke reißen, war
mein Gedanke.
„Heißt du Tesch?" fragte er mich.
Hä, das verwunderte mich jetzt ein bißchen.
„Ja Meister", antworte ich.
„Wieso nennst du mich Meister?" fragte er
dann.
Oje, ich glaub ich bin im falschen Film, der

64

Kleine hat anscheinend überhaupt keine
Ahnung, das kann ja noch lustig werden.
Aber ich beschloß ihn nicht zu töten, denn
vielleicht wurde ja mein Wunsch nach
einem Magier, der mich nicht wie seinen
Fußabstreifer behandelt, erhört …

… weiter geht's im „Spurtz, der Germling"!

Frank Michael Wiedner,

geboren am 06.04.1978 und lebt als freier Autor in Penzberg

Mit Witz und Charme gibt er jeder seiner Figur eine besondere Note. Denn Fantasy hatte es ihm schon in frühen Jahren angetan. Von Comics beeinflusst, fing er an, seiner eigenen Linie zu folgen. Die Meinungen gehen bei seinen Geschichten weit auseinander, denn nicht jeder kann sich für seine Eigenart zu schreiben, begeistern.

Und Jetzt .....?

Gute Frage ...?

Ah......

Ein ehrliches, aufrichtiges nicht
überzogenes und völlig erstgemeintes
Dankeschön geht an:

Melanie Wiedner
(Meine Frau, die ich sehr liebe.)

Meiner Lektorin die namentlich nicht
genannte werden möchte.
(Kann ich bei meinen Büchern verstehen.)

An meine Testleser
(Die sich auch weigern namentlich genannt
zu werden.)

Auch ein Dankeschön an meine anderen
Leser natürlich.